Manual de Autoestima Para Princesas

PAULA ECHEVERRI

TABLA DE CONTENIDO

INTRODUCION

La autoestima es sin lugar a duda una experiencia intima, por eso este manual no pretende ser una varita mágica y cambiar para siempre la forma en la que te ves.

Simplemente quiero que abras tu mente y te des cuenta de que tienes opciones, que una sana autoestima te puede acercar a esa vida que sueñas o puede derribarte por competo y hacerte caer en una fuerte depresión.

Quiero que aprendas conceptos básicos y simples que puedes descubrir y vivir experiencias enriquecedoras en pro de tener una excelente calidad de vida.

Quiero también darte unos algunos ejercicios prácticos que si los conviertes en hábitos te puedo asegurar que tu autoestima comenzará a aumentar de manera significativa y por ende tus pensamientos y tu futuro también se verá afectado de manera positiva. Comenzaras A ver todos tus logros y lo que eres capaz de hacer si te lo propones.

¿TU AUTOESTIMA ES TU AMIGA O ENEMIGA?

Todos tenemos una voz interna que escuchamos todo el tiempo, y esta nos construye o nos destruye.

La autoestima es esa percepción, esa valoración que tenemos de nosotros mismos física y emocionalmente, es ese personaje que nos hemos creado a través de los años y el cual definimos y etiquetamos según nuestras emociones y nuestra manera de percibir el mundo. Esta relación o esta definición de amor propio la vamos creando desde la niñez. La buena noticia es que podemos crear hábitos que nos ayuden a mejorarla y crear una autoestima sana y fuerte.

Tener es una buena autoestima es clave en la relación que tenemos con los demás, porque esta también se basa en nuestra creencia de merecimiento, así que si en la niñez tuvimos una mala experiencia paterna o materna es probable que nos relacionemos desde la carencia y el maltrato y no desde el amor y el respeto.

Una baja autoestima puede limitar el potencial que tienes, puede volverte una persona negativa, ansiosa, depresiva, desconfiada y dudosa de sí misma, se vuelve peligrosa porque termina saboteándote hasta en los mejores momentos de tu vida.

La mayoría de nosotros nos hablamos a nosotros mismos aproximadamente 14 horas al día, de las cuales el 80% de nuestra conversación es negativa.

Qué triste es darnos cuenta de la mala programación emocional con la que venimos, y de la cual no somos conscientes si no hasta la edad adulta, cuando nos vemos rotos y recogiendo los pedazos de vida que pudieron ser armados de maneras diferentes si solo hubiéramos sido conscientes. Pero no te culpes por eso, la vida es ese camino que nos va forjando y nos va perfeccionando en amor propio.

¿A quién quieres escuchar en la melodía de tu vida? el ruido ¿el estruendo de una voz que te desconecta de tu poder? o esa melodía que llega a tus oídos y es como la lluvia que refresca tu ser.

Una alta autoestima te permite vivir en la posibilidad de crear, de soñar, de confiar, de agradecer.

¿Cuándo te miras al espejo que ves ¿te reconoces ¿reconoces tus luchas, tu pasión, tu entrega, tu trabajo? O solo ves sombras de esos sueños que todavía ni te atreves a tocar.

La autoestima consiste en el valor que uno tiene como ser humano, y la fe en uno mismo de lo que puede llegar a convertirse.

Para tener una autoestima que nos acrece a ese lugar donde nos merecemos estar es importantísimo realizar un trabajo interior, un trabajo de auto conocimiento y valoración de quienes somos y en que estamos dispuestos a entrenarnos.

La vida consta de 3 pilares fundamentales: físico, psicológico, socio- cultural. De estos 3 pilares comienza a crecer nuestra seguridad personal y la seguridad que tenemos frente a los demás.

1.   Pilar psicológico: se crea a través de pensamientos, conciencia, fuerza de voluntad, inteligencia, capacidad de adaptación, lenguaje verbal y no verbal, percepción de la vida y del lenguaje de nuestros progenitores o cuidadores en la niñez.

Cuando buscamos en este primer aspecto psicológico, nos damos cuenta de que en nuestra mente es donde ocurren los procesos primarios y necesarios para nuestro desarrollo.

Aquí es donde creamos nuestros primeros mapas mentales que definen lo que creemos que es la realidad y la percepción del m mundo que nos rodea, y en ocasiones de acuerdo con las experiencias vividas en la niñez, proyectamos nuestro futuro de manera similar, siguiendo de esa forma los mismos patrones de comportamiento que aprendimos y sin ningún tipo de cuestionamiento.

Para una persona que crece en el seno de una familia disfuncional seguramente le es mucho más difícil tener una autoestima alta, ya que la falta de confianza debió haber sido su gran maestra por mucho tiempo. Una persona a la que no se le brindaron los cuidados básicos de amor, respeto, atención, que estuvo rodeada de ambientes hostiles, dañinos, dolorosos, traumáticos; es difícil que tenga confianza ante la vida ya que lo único que conoció durante su proceso de formación fue limitación.

También es completamente normal que le molesten algunos rasgos de su carácter que perciba que son negativos para acercarse a los demás, incluso para ella misma.

Cuando se es consciente de que existen rasgos de nuestra personalidad que pueden afectarnos y afectar nuestras relaciones es como dar un gran salto al vacío, porque el simple hecho de reconocerlos es haber autoanalizado de alguna manera nuestro comportamiento, lo que nos va llevando por un muy buen camino de autodescubrimiento.

2.	Pilar físico: este corresponde a las características físicas de cada ser humano.

(morfología, estatura, peso, color de piel etc.) así como enfermedades adquiridas o congénitas.

Es normal que no estemos contentos con algunas partes de nuestro cuerpo, o que odiemos haber heredado alguna enfermedad, es completamente normal; pero cuando se convierte en obsesión comienza a transgredir lo que somos como personas.

El amor hacia uno mismo necesita un vínculo de total valentía y honestidad

Cuando el plano físico pasa a tomar el control de nuestras vidas en cuanto a nuestra autoestima, se convierte en un trastorno obsesivo-compulsivo.

Como lo mencione con anterioridad a veces no estamos felices con algunas partes de nuestro cuerpo y no tiene nada de malo, hay cosas que pueden mejorarse; con dieta, ejercicio, mejores hábitos de limpieza, mejor estilo, educación, en fin.

Estamos en una época donde constantemente estamos bombardeados por ideales de belleza que en ocasiones culturalmente se alejan de los que somos como individuos, y es que la absurda invasión de publicidad en redes sociales y televisión termina contaminando nuestras mentes y convirtiéndolas en parásitos que solo se motivan en metas estéticas y superficiales.

Lastimosamente las mujeres somos las más afectadas con este tema, o bueno en su mayoría las que más permiten ser afectadas, la lucha por la eterna juventud, la competencia por el éxito fugaz carente de valor. Son temas que nos absorben lentamente

El problema de esto es que es un problema cultural, pero de cada una depende dejarse afectar de manera corrosiva o tomar medidas al respecto.

No opino que las cirugías plásticas sean malas o buenas, personalmente creo que pueden ayudar a corregir aspectos para sentirnos más seguras, lo preocupante es parecer otra persona. Salirnos de lo que realmente es una mente sana.

Debemos ver con amor y con valentía hacia nuestro interior, independiente de nuestros rasgos físicos.

En cuanto a las enfermedades que podamos tener, definitivamente existen cosas que no podemos elegir, como el lugar donde nacemos, nuestros padres, y como será nuestra morfología.

Estas cosas son nuestra escuela en la vida, y depende de cómo las llevemos, las aceptemos y las transformemos dependerá nuestro éxito o nuestro fracaso en la vida.

3.Pilar Sociocultural: justo en este ámbito es donde desarrollamos nuestra comunicación interpersonal, aquí se refuerza una comunicación asertiva o totalmente equivocada.

En este aspecto podemos ver 2 grandes rasgos de la personalidad

Extraversión o introversión que pueden favorecer o limitar las experiencias de comunicación y confianza con los demás.

La autoestima en el aspecto social está muy determinada por la percepción que creo que tienen los demás sobre mí, lo que opinan mis padres, mis maestros, mis amigos del colegio, mayormente se basa en la retroalimentación a la aceptación que pueda tener por parte de ellos. Esto podría repercutir en el futuro, en cuanto a la manera en cómo me acerco a los demás.

El comportamiento de una persona no puede comprenderse sin entender primero su entorno social y cultural, no es desconocido para nadie que en algunas culturas las mujeres no tienen voz ni voto; entonces como pedirle a una de ellas que se emancipe de sus verdugos y se convierta en una mujer liberada o feminista, creo que es un tema mucho más delicado y profundo de analizar.

Pero, no significa que esta mujer no pueda tener una autoestima que pueda ayudar a liberarse del dolor o de la esclavitud a la que pudiera estar sometida.

Hablemos de la introversión:

Está asociada con la timidez, pero realmente son dos cosas muy diferentes.

Una persona introvertida es una persona que disfruta estar en soledad, que valoran más las relaciones profundas y significativas. Prefiere ambientes tranquilos y conversaciones reflexivas, no son asociales, de hecho, socializan de manera más selectiva.

Ser introvertido no significa carecer de habilidades sociales.

Extrovertidos: les encanta estar rodeados de gente, les gusta ser el centro de atención, necesitan de estímulos constantes si no se aburren fácilmente. Son el alma de la fiesta, pero particularmente les cuesta estar más enfocados cuando se encuentran solos.

Ambos rasgos tienen sus fortalezas y debilidades

El ser humano es de naturaleza adaptativa. No implica por ninguna razón que un rasgo limite al otro durante su vida.

Lo importante es entender que independientemente del circulo social en el que hayamos crecido, de los rasgos de personalidad que tengamos, no es un impedimento para superar los obstáculos y nos podamos adaptar de forma consciente y leal a los que somos y a nuestro entorno.

NUESTRA MENTE, LA GRAN CREADORA.

La mente es nuestra gran máquina, allí creamos todo lo que somos, nuestras experiencias; recreamos sentimientos, momentos importantes de nuestra vida pasada e inconscientemente creamos nuestro futuro y lo que somos.

La mente no distingue entre lo que es real o ficticio, cualquier cosa que le digas a tu mente comienza a formar una creencia, y esa creencia desarrolla comportamientos y emociones que crean nuevas acciones.

En nuestra mente es donde creamos esos pensamientos y sentimientos que nos ayudan a crear experiencias enriquecedoras en nuestras vidas, o creamos miedo, parálisis, sentimientos negativos que nos aleja de nuestra magia y nos roban toda nuestra energía.

En nuestra mente es donde construimos nuestra autoestima a través de hábitos, pensamientos y acciones constantes.

Tampoco debemos permitirle a nuestra mente que siga creyendo las historias que le hemos contado durante años. sobre lo que fue nuestra vida, sobre nuestros sufrimientos o fracasos. Porque cuando estamos todo el tiempo en estado de víctimas, perdemos nuestro poder personal entregándoselo a cualquier circunstancia que nos sobrepase.

Tu mente, tus pensamientos y tus decisiones son las que te han traído hasta el lugar en que te encuentras ahora, ser responsable de tu propia vida es la primera decisión y la más importante.

Deja de culpar a tus padres, a la falta de oportunidades, a los sucesos de una vida que ya no existe, por supuesto que ha dejado huellas imborrables, dolor y tristeza; esos sentimientos no se pueden ni se deben esconder, haz de ellos de tu mejor arma, úsalos como un trampolín para la nueva vida que deseas crear.

Recuerda que la vida es causa y efecto, así que tus pensamientos se convertirán en el resultado de algo más grande de lo que tú crees., la imagen que tienes de ti misma es solo eso, una imagen que te creaste y que puede ser modificada.

No se trata de ser positivo y andar con unas gafas ultravioleta negando la realidad. Se trata de cambiar tus pensamientos, tus conversaciones, los sentimientos que tienes sobre ti mismo. No se trata de repetir frases todo el día sin sentido o como robot, se trata de interiorizar los cambios necesarios para crear nuevas conexiones mentales.

Tu mente es el arma más poderosa que tienes, enfócate en ella y sal de las sombras donde habías estado escondida.

Cada estrella es un espejo , que refleja la verdad dentro de ti.

¿Por qué es importante la autoestima?

Los sentimientos que tenemos hacia nosotros mismos influyen en cómo vivimos nuestras vidas. Las personas que sienten que se les quiere y se les aprecia (en otras palabras, las personas que tienen la autoestima alta) tienen mejores relaciones sociales. Saben pedir ayuda y apoyo a los amigos y a la familia cuando la necesiten. Las personas que creen que pueden alcanzar sus objetivos y solucionar problemas tienden a rendir más en los estudios y en la vida laboral. Tener una buena autoestima te permite aceptarte a ti mismo y vivir la vida de forma plena.

LA AUTOESTIMA Y LA CALIDAD DE VIDA.

Una autoestima baja o alta definitivamente influye en la calidad de tú vida, puede generar profecías autocumplidas.

Tus creencias determinan el tipo de pensamientos que generas, cada pensamiento va acompañado de un sentimiento, tus sentimientos determinan tus acciones y tus acciones determinan tus resultados. Esta es la cadena de la vida. Acciones = Resultados.

Cuando una persona tiene una baja autoestima se autosabotea constantemente, cree que no merece un buen trabajo, que no merece buenas relaciones, que no merece un lugar digno para vivir.

Cuando sus pensamientos son de limitación, baja aceptación de los demás, su vida puede complicarse de maneras absurdas, llegando a vivir con insatisfacción y dolor.

Una baja autoestima puede sabotear los momentos de felicidad y opacar los logros obtenidos durante la vida, nos puede afectar en la toma de decisiones. Puede tener a una persona atada al pasado, y cuando este no se suelta por ende afecta el presente y el futuro. La victimización es el sentimiento preferido para una persona con baja autoestima, se centra solo en sus carencias; en pobre de mí, porque me pasa esto solo a mí, y tiende a desligarse por completo de la realidad que lo rodea o que percibe como extraña.

Es como tener una sensación constante de no merecer nada en la vida, de que todo está en mi contra, de que haga lo que haga nada es suficiente.

Cuando se tiene una sana autoestima, la vida puede ser color rosa, cada obstáculo se convierte en una oportunidad para aprender, para mejorar, cada creencia que nos limitaba se convierte en fuente de creación hacia una vida plena y abundante.

Cuando tienes una sana autoestima, no buscas constantemente la aprobación de los demás, porque sabes relacionarte con ellos. Entiendes que los otros no te definen como ser creador de tu propia realidad. Entiendes que no hay nada afuera que pueda afectarte, te regala el poder y la valentía de enfrentarte a tus sueños con determinación y con confianza.

*Como afecta tu baja autoestima en el trabajo: puede que seas la persona más capacitada, más entrenada, más inteligente de tu trabajo; pero si crees que no eres merecedor de ese asenso, de ese nuevo proyecto porque no eres amigo del jefe; porque no eres bonito, con estudios en las mejores universidades. Si comienzas a hacer una lista de lo que NO tienes, con seguridad NO lo vas a conseguir. Si por el contrario estas seguro de tus capacidades y que el resto de las cosas es solo el resto de cosas sin importancia, créeme que vas a conseguir eso que tanto anhelas.

*Como afecta tu autoestima tus relaciones de pareja: si te comparas constantemente con los demás, pensando si son mejores que tú, es porque generalmente eres una persona insegura y celosa; con una temible preocupación de abandono y que te cambien por alguien que posiblemente tenga más cualidades, y posiblemente las tenga. pero lo importante es destacar que si esa persona está contigo es porque en un mundo de posibilidades te escogió a ti; tus cualidades fueron las que se destacaron por encima de las demás. Si eres consciente de esto, puedes tener una relación realmente sana y feliz.

Si permites que tu baja autoestima sabotee tu relación por miedo al abandono, terminaras por lograrlo, ya que en el amor no hay garantía de felices para siempre.

Aprende a tener vida y metas propias y que tu relación sea solo el complemento que te dará mayor satisfacción.

No nos equivoquemos con pensar que nuestro valor lo definen las cosas materiales, los títulos universitarios, o el apellido de nuestra familia, son cosas que podrían ayudarnos a estar un poco más cómodos en la vida, pero nunca van a definir nuestro valor.

CLAVES PARA RECONOCER UNA BAJA AUTOESTIMA

Una autoestima baja puede ocasionar muchos problemas en la vida, así como trastornos psicológicos, de ahí la importancia a amarnos y a respetarnos tal y como somos.

Una persona con baja autoestima no puede apreciar ese sello que la hace especial y diferente de los demás. Una persona con un dialogo interior negativo de crítica, miedo e inseguridades creara en su propia existencia ese contexto de desmotivación y poca valía.

Cuando la opinión de los demás se vuelve algo demasiado importante para ti, este juicio ajeno de valor se convierte en un elemento de vulnerabilidad hacia lo que eres. No significa que la opinión de los demás no nos importe, pero es la de ellos. La opinión que tenemos sobre nosotros mismos debe ser la mas importante y la que realmente tenga peso en nuestras vidas.

Las características más comunes de una baja autoestima son:

*Negativos: la mayoría de las personas con una baja autoestima, piensan que todo les va a salir mal, que no son capaces, tienen constantes pensamientos negativos hacia ellos y hacia los demás.

*No se valoran: la mayoría de las veces tienen miedo de dar su opinión, piensan que no son lo suficientemente importantes, que no cuentan, ven sus talentos pequeños y exageran el de los demás.

*Tienen miedo a lo nuevo, aman estar en su zona de comfort y prefieren a toda costa evitar los riesgos.

*En su mayoría son nerviosos y ansiosos, evitan tener discusiones o enfrentamientos por que estas situaciones les genera mas angustia de lo normal.

*En general son pasivos y les cuesta tomar la iniciativa, se aíslan, y no les gusta compartir sus sentimientos o pensamientos con otras personas.

*Son muy dependientes emocionalmente, crean un núcleo falso de protección y sumisión con tal de ser aceptados, les cuesta aceptar que las critiquen.

*Ante resultados negativos, suelen culpar a los demás de sus desgracias, de su situación y hasta de sus emociones.

*Poco interesados en su estado de salud o higiene personal, ya que sienten que no pueden controlar su vida.

Las personas con una baja autoestima se convierten en su propio verdugo, se critican todo el tiempo, exageran sus defectos y desconocen sus capacidades. Puede que esta condición tenga que ver con errores o fracasos del pasado que han sido sumamente difíciles de procesar y de superar y generalmente se quedan estancadas en estas conductas autodestructivas; por que es como saber que si siguen adelante tal vez podrían enfrentarse a un dolor desconocido, en cambio si continúan en su zona de comfort ya saben que actitud asumir con las circunstancias a las que tal vez ya están habituadas. Se comportan como extras en la película de su vida.

VIVIR CONSCIENTES

Significa estar conectados a nuestro corazón, a nuestros actos, nuestras motivaciones y nuestras metas.

Debemos hacernos conscientes de nuestra realidad, ocupándonos de nuestros sentimientos, debilidades y tristezas, ocupándonos de nuestros proyectos; ver si los estamos logrando, si estamos fracasando, o estamos buscando excusas para no hacer lo que no es requerido.

Vivir conscientes nos permite evaluar y revaluar nuestras emociones, nuestros proyectos, nuestras creencias y nuestros sueños.

Comprender pese a las dificultades el compromiso que conlleva la grandeza de nuestra propia existencia.

Si somos conscientes de los compromisos que creamos en nuestra vida, con nuestra pareja, trabajo, hijos, familia etc., ¿dónde está el compromiso que creamos con nosotros mimos? Ese es el más importante de todos, el más olvidado y en ocasiones NULO.

Este compromiso debería ser para nosotros como un voto matrimonial, escrito en la piel, innegociable, un voto diario de amor y respeto propio, de valentía ante las cosas que no podemos cambiar y que no debemos permitir que nos dañen.

¿COMO PUEDO MEJORAR MI AUTOESTIMA?

COMPRENDER NUESTRAS LIMITACIONES:

Conocer de dónde venimos, nuestro árbol genealógico, nuestros ancestros, nos ayuda a fortalecer lazos con nuestra familia y con lo que somos o creemos ser. Conocer nuestra historia puede que abra más heridas emocionales de las que ya teníamos, pero puede liberarnos de creencias limitantes generacionales. Este conocimiento nos permitirá soltar lo que nos daña, a través de nuestra historia o por decisiones inconscientes. Al soltar lo que no nos sirve, nos ayuda a conectarnos con nuestro corazón y entender que vinimos a vivir la experiencia de la vida en creación y armonía.

Cuáles son las creencias que me limitan desde mi niñez:

Como pueden ser cambiadas:

PRACTICAR EL AGRADECIMIENTO

Cada día es un milagro, sé que puede sonar a disco rayado pero es real. La gratitud te ayuda apreciar esos momentos felices de tu vida, los recuerdos positivos contribuyen a nuestro bienestar, lo cual nos refuerza nuestra conexión con la vida y con nuestra autoestima.

La gratitud nos mantiene en presente, conectados al aquí y al ahora. Agradecer nos evita estar rebuscado en recuerdos de un pasado que a lo mejor no fue los más gratificante.

Cuando estas agradecido estas conectado con la abundancia, lo que no te deja espacio para la queja y emociones negativas.

Cualquier momento del día es ideal para agradecer, pero te aseguro que si lo haces en la mañana al despertar, la energía con la que empiezas el día será distinta.

Si no sabes por que agradecer te puedo dar unos ejemplos, ya que siempre hay millones de cosas por las que agradecer.

*Gracias por que tengo una cama donde dormir y con qué arroparme

*Gracias por que tengo la oportunidad de crear un nuevo día

*Gracias porque tengo agua limpia para bañarme y para refrescarme

*Gracias por que tengo comida

*Gracias por que tengo ropa linda para ponerme

*Gracias por que tengo un teléfono para comunicarme etc.

Si comienzas a enumerar las cosas por las que podrías estar agradecida, te darías cuenta de la cantidad de bendiciones que te acompañan y en la medida en que agradeces y te conectas con ese sentimiento de valoración y abundancia el universo te abre las puertas para que tengas más razones para seguir agradeciendo.

AMA TU CUERPO

La belleza es un estado mental.

Nuestro cuerpo, ese lugar amado y odiado por otros, ese lugar ocupado por un alma incógnita, ese lugar sensorial desconocido, lleno de estímulos corporales olvidados o de estímulos desenfrenados traducidos en deseo.

Vivimos desconectados de nuestro cuerpo, de nuestras necesidades, no escuchamos su voz; no lo respetamos y necesitamos sintonizarnos con él. Amarlo, cuidarlo, ser cuidadosos de lo que dejamos entrar en él. Del ruido, la hiperestimulación, imágenes y entornos poco positivos.

Si sentimos rechazo o vergüenza, viviremos desconectados de nuestra esencia, consciente o inconscientemente viviremos en el auto castigo produciendo una realidad distorsionada de lo que somos y con acciones autodestructivas.

Cuando tenemos una sana relación con nuestro cuerpo, nuestro entorno también puede cambiar, porque nos relacionamos más desde nuestro corazón, la aceptación y no desde una perfección que solo existe en un imaginario colectivo.

Céntrate en la función no en la forma, esa se puede cambiar. Reconoce todo lo que tu cuerpo hace por ti y agradece.

Cuando decides amar tu cuerpo, cambias la forma en que te ves, y por ende como los demás te perciben, cuando lo alimentas de la manera correcta, lo escuchas, lo cuidas, te das cuenta de que hace por ti múltiples tareas de las cuales a lo mejor ni siquiera has sido consciente. Así que en lugar de centrarte en la perfección como no iré a la presentación hasta que no baje 3 kilos, piensa y refuerza que eres bueno y eres perfecto.

¿Cuál es la característica de tu cuerpo que te produce mayor insatisfacción y por qué?:

Si pudieras cambiar algo de tu cuerpo, ¿qué cambiarias?:

¿Como crees que te sentirías si hicieras ese cambio?:

CONOCERNOS SIN AUTOENGAÑOS

A veces tenemos en nuestra mente una imagen de un personaje que nos hemos creado, y distorsionamos tanto esa imagen que terminamos por creer que es real; que ese personaje somos nosotros. Aceptar que tenemos oscuridad, que tenemos defectos, es como ponernos una máscara y hacernos invisibles incluso ante nosotros mismos y nuestra propia realidad.

Si no abrimos nuestro propio corazón y somos responsables de lo que tenemos dentro, es poco probable que podamos abrir nuestro corazón a alguien más y abrazar esas tristezas que necesitan ser sanadas.

Cuando somos conscientes de que emociones predominan y nos desbordan, es mucho más fácil cambiar esas tendencias auto mutiladoras que destruyen nuestros sueños y proyectos.

Mis Defectos:

Mis Virtudes:

ACEPTATE TAL Y COMO ERES:

Eso no significa que te lleves por delante a todo el mundo con tus acciones justificando que tú eres así y no hay nada que hacer, porque permíteme decirte que si hay mucho por hacer; y lo primero es el hecho de aceptar que somos perfectamente imperfectos, que estamos en cambio constante, pero nuestra esencia no cambia. Acepta con amor lo que eres, en lo que te has convertido, acepta tus raíces, tus dolores, tus frustraciones y también tus limitaciones. Aceptar es soltar el control de una mentira que te inventaste para protegerte del dolor, aceptar es ver con amor los errores que cometiste y que sabes que nunca más los vas a repetir; aceptarte es hacer las paces con el pasado. Amate y se ese lugar sagrado que quisieras ver respeta la maravilla que eres, y no te compares porque todos vamos por caminos distintos tratando de llegar al mismo lugar, algunos con más cargas, otros tal vez más livianos, pero al final es el mismo destino.

Amate con locura, sin esperar la aprobación de nadie, eres ese pedazo de sol esperando para salir a brillar, y cuando aceptes lo que eres, cambia simplemente lo que no te funcione, lo que no te hace feliz, lo que no te deja vibrar, cambia los malos hábitos, los pensamientos que te roban la paz, lugares que te roban luz. Aprende a cuidar lo que eres, a cuidar tu energía y amate tanto que puedas entregar lo mejor de ti en un corazón rebosante de color y de afán por compartirse.

Que comportamientos puedo cambiar:

VIVIR CON PROPOSITO

Fijarnos metas constantemente, nos hace ser más eficientes y productivos, el hecho de tener objetivos claros, proyectos, sueños nos permite constante crecimiento y autodescubrimiento. Nos hace ser disciplinados, valorar más nuestro tiempo, nuestras capacidades, nos da la confianza de que somos capaces de llevar a cabo las cosas que nos proponemos.

Vivir con propósito nos permite ser coherentes, entre lo que pensamos, sentimos y hacemos. Es ser consciente de que no estamos en esta tierra de manera simple, estamos aquí, para disfrutar, para crear y transcender. Pero en ese proceso también necesitamos servir, conocer que todo y todos tenemos un propósito sagrado en esta tierra.

Cuando tienes un propósito claro, tienes un gran motivo para levantarte temprano, para ser disciplinado, y para correr esa milla extra.

Vive con propósito, pero sin afán, aprende a disfrutar el camino, las cosas sencillas de la vida, no te concentres solo en metas porque te olvidas de vivir. Claro que son importantes y vitales para crear hábitos saludables y poderosos en nuestras vidas. Pero hazlo desde el amor y no desde la desesperación de conseguir éxito. Porque todo pasa y lo que único que queda es la satisfacción de los momentos vividos y el camino recorrido.

La falta de propósito en cambio es como un vaivén que te puede llevar a cualquier lado, y aunque es linda la incertidumbre por que puede sacar lo mejor de ti, también es cierto que una vida llena de ella es una vida llena de angustia y de miedo.

Cuando realizas actividades con sentido por iniciativa propia, creas confianza en tu interior, te conectas con la tierra, con tu raíz, con tu fuerza creadora. Los sentimientos y pensamientos crean un ambiente positivo, creando admiración y respeto propio.

¿Cuáles son mis mayores habilidades y talentos ?:

¿A que me dedicaría en la vida, si no necesitara dinero?:

AUTOAFIRMACION

Cuando hablamos de autoafirmación hablamos de reafirmar quien soy, de reafirmar mis deseos, mis necesidades, mis valores. A respetarme y respetar mis relaciones, de ser autosuficiente y aun así saber en qué momento necesito pedir ayuda.

Cuando reafirmo quien soy, soy genuina. Me expreso desde lo que deseo con honestidad y transparencia, puedo dar mis opiniones abiertamente, decidir con claridad y sin presiones sociales.

La autoafirmación se comporta como nuestro sistema protector de la mente, ya que nos proporciona mayor fuerza, resistencia y capacidad para afrontar los desafíos y las situaciones cotidianas.

Esta aceptación y autoafirmación refleja la solidez y la estabilidad de nuestra identidad.

Como seres humanos necesitamos sentirnos competentes, capaces. De esto depende muchísimo nuestras emociones y la capacidad para adaptarnos a los cambios que vivimos.

Nuestro poder personal tiene que ver con nuestra conversación diaria. Si nuestros pensamientos son negativos, de escases, y de autodestrucción nuestro poder personal se verá afectado y desgastado.

¿Pero por qué es tan importante mi autoafirmación? Por qué vales oro, porque cuentas, por que tu voz es importante, porque anularte por temor al rechazo no sirve para nada, porque mereces expresar lo que sientes y ser valorada por ello.

Es importante que hagas de ella casi un como un hechizo para tu vida, que escuches tu propia voz y te autoanalices para que la relación que tienes contigo misma sea cada vez mucho mejor.

Para reforzar esta conversación poderosa contigo misma te recomiendo una estrategia que te puede parecer sencilla, pero al realizarla te podrás encontrar con una gran sorpresa y a lo mejor te des cuenta de la desconexión que tenías contigo misma.

Todos los días durante 5 minutos párate frente al espejo, si es la mañana mucho mejor, porque podrás comenzar el día con más energía y gratitud.

Párate frente al espejo y repite en voz alta:

*Soy capaz de lograr todo lo que propongo

*Soy mayor que mis adversidades

*Confió en mi fuerza interior

*Soy hermosa

*La vida es perfecta y en completa armonía

Estos son solo algunos ejemplos de afirmaciones positivas que repetidas constantemente crearan la realidad de esa vida abundante y gratificante que mereces vivir.

No busques afuera lo que está dentro de ti.

CONSIDERA LOS ERRORES COMO OPORTUNIDADES DE APRENDIZAJE:

Estamos en este mundo en un proceso de continuo aprendizaje, no te conviertas en tu peor verdugo, no te autocastigues, no te juzgues por no ser perfecto, porque nadie lo es. Concéntrate en las cosas que sabes hacer mejor que nadie, en tus cualidades y actitudes ganadoras y saca provecho de ellas, cuando ves lo bueno que hay dentro de ti, podrás fluir con mayor tranquilidad y confianza en la vida.

La vida tiene una forma muy particular de enseñarnos lecciones, y si no aprendemos se seguirá repitiendo una y otra vez. Así que, si fracasas que importa, de eso se trata la vida; de aprender de los errores y hacerlo mejor la siguiente vez, a conquistar las circunstancias y no dejarse vencer por ellas.

¿Cuáles han sido las lecciones más valiosas que he aprendido?

¿Qué comportamientos me causan problemas?:

--36-------------------------------

PRUEBA COSAS NUEVAS:

A veces estamos tan cerrados y ocupados en la monotonía de la vida, que se nos olvida ser como niños y descubrir, explorar cosas nuevas. Cuando te das la oportunidad de expandir tus horizontes te encuentras regalos maravillosos, así que inicia nuevas aventuras y descubre las posibilidades infinitas que la vida tiene para ti.

Recuerda que las situaciones que has vivido o lo que has aprendido no es todo lo que existe, hay mil realidades diferentes fuera de la de la burbuja en la que vives, cuando abres tu mente a las posibilidades infinitas tu mundo se pone de cabeza. Ves que el mundo puede ser el lugar que tú quieres ver, veras la grandeza en las cosas que antes te parecían ordinarias.

Tu mente se expande y comienza a enfocarse en nuevas experiencias gratificantes y poderosas.

A lo mejor resultas convirtiéndote en chef o en cantante, nunca sabes las sorpresas del camino.

¿Qué querías ser cuando eras niño?:

¿Qué cosas nuevas te gustaría aprender ?:

IDENTIFICA LO QUE PUEDES CAMBIAR Y LO QUE NO.

SI tienes alguna actitud, sentimiento o pensamiento que reconoces que te autosabotea, permítete cambiarlo, permite que se vaya de tu vida y remplázalo por un nuevo sentimiento o actitud que agregue valor a tu vida.

¿Cuáles son mis pensamientos negativos más recurrentes?:

¿Qué situaciones definitivamente no puedo cambiar?:

COLABORA CON UNA CAUSA SOCIAL:

El servicio es la mejor medicina para alma, cuando compartes lo que eres, cuando ayudas a otro ser humano a que sienta mejor, esparces amor en el mundo, expandes consciencia y luz.

Cuando ayudas a alguien y le aportas valor a su vida, tu autoestima aumenta en maneras desorbitantes, por que ves la tristeza del otro como si fuera la tuya. Cuando ayudas a una persona y su entorno cambia, tu mundo también se transforma, porque eres consciente de que puedes hacer la diferencia en la vida de alguien.

Haz una lista de lugares en los que te gustaría ayudar y que podrías aportar:

HAZ EJERCICIO:

Lo que no se mueve se atrofia, así que el ejercicio es fundamental para aumentar la producción de neurotrofinas, que son ciertas proteínas que actúan directamente sobre las neuronas nuevas "Es como si les dieran la orden de despertarse, enchufarse y ponerse a trabajar".

El movimiento genera vida, alegría, felicidad, al estar en movimiento te haces más flexible, más ágil. Incluso piensas con mayor claridad. Hacer ejercicio por cuestión de estética no es tan importante como si lo es sentirte bien, y por ende también vas a verte mucho mejor.

Tener un cuerpo que nos permita movilidad, alegría, y salud es indispensable para elevar nuestra autoestima.

Un cuerpo delgado no es equivalente a un cuerpo sano.

Así que puedes caminar, bailar, hacer yoga, nadar. montar en bici. Hay miles de alternativas, solo escoge la que más te guste y disfrútala.

CUIDA LO QUE COMES: Vivir a dieta solo se reduce a castración mental y psicológica, tener que estar pensando todo el tiempo en porciones y calorías, puede restarle una parte importante a lo que significa comer. La comida es esa energía que alimenta no solo tu cuerpo, también alimenta tus neuronas, tus pensamientos, tus momentos en familia. la comida se puede interpretar como un proceso de supervivencia, pero también de socialización.

Cuida lo que comes, simplemente se consciente de los alimentos que necesitas, de lo que te gusta, y de lo que te genera bienestar, por los roles predeterminados de la sociedad en que vivimos vemos muchas mujeres con cuerpos esculturales y problemas físicos y psicológicos por la comida.

Conecta con lo que comes, se feliz, agradece. Pero come de manera consciente, si quieres una torta de chocolate, disfrútala, pero un pedazo, no la torta completa. No te esclavices de contar calorías, simplemente escoge esos alimentos que te nutran y que te hacen feliz.

Todo en la vida es equilibrio, así que cuando te digo que cuides lo que comes no es otra cosa que amarte, y disfrutarte.

¿Qué sentimientos me produce la comida ?:

¿La mayor parte del tiempo como por pacer o por necesidad ?:

TALLER DE AUTOESTIMA

¿QUIÉN SOY YO?

Objetivos

· El objetivo de este ejercicio es crear una representación gráfica lo mas cercana posible de dónde te encuentras y cómo te ves antes de comenzar el curso.

· No te garantizo que terminaras el curso con una autoestima de acero, pero si te aseguro que será mucho más sana y fuerte.

· Este ejercicio lo repetiremos al final del taller y te servirá para darte cuenta de lo que eres capaz de avanzar y de hacer.

Materiales que vas a necesitar

· Una hoja o cartulina

· Todo lo que se te ocurra para realizar tu collage (recortes de fotos, colores, brillantina, etc.)

EJERCICIO

Una buena y sana autoestima se logra cuando uno se ama a sí mismo, pero… ¿Cómo puedo amar a alguien que no conozco?

Consiste en lo siguiente:

·   En este espacio de papel tienes que representar el concepto, la esencia de lo que eres. Puedes utilizar las técnicas que prefieras. puedes hacer un collage recortando y pegando fotografías o imágenes, puedes dibujar o pintar en él, como tu prefieras.

·   Debes incluir una frase que te represente ya sea propia o prestada.

Utiliza este espacio para que seas creativo y te diviertas.!

EVALUA TUS CAPACIDADES

OBJETIVO

·   El objetivo de este primer ejercicio es que tomes conciencia de tus capacidades, tus valores, tus fortalezas y tu potencial creador.

Materiales que vas a necesitar

·   Cuaderno de notas y lapicero. Esto te va a acompañar durante todo el curso.

·   Ten tu cuaderno o libreta de notas siempre a mano, nunca sabes en qué momento te llega la inspiración.

·   Dedícale como mínimo de tres a cinco días a esta actividad.

EJERCICIO

Durante este curso debes realizar un gran esfuerzo de reflexión *e introspección*. No te guardes nada. Tómate tu tiempo en cada actividad, busca en los rincones más profundos de tu memoria ***para que puedas reconocer ese ser maravilloso que eres y de paso sanes heridas del pasado.***

Consiste en lo siguiente

Debes realizar una lista de todo lo que eres capaz de hacer, con seguridad llegara a tu cabeza muchos aspectos negativos, y es precisamente aquí dónde tienes que realizar un esfuerzo y dejarlos ir.

Piensa en todos los ámbitos de tu vida. Céntrate en que eres capaz de hacer por ti mismo, en hacer por los demás, en aportar a una relación de pareja, en aportar a tu ámbito familiar, espiritual, laboral y social. Dedícale tiempo.

Ejemplo:

Yo (tu nombre) soy capaz de amar

Yo soy capaz de ser organizada

Yo soy capaz de perdonar …

Concentra toda tu atención en las cosas que eres capaz de hacer, escribe 10 como mínimo.

-Escoge una de tus capacidades y enfócate en ella por un día, observa las consecuencias positivas en ti y los que te rodean

Pregúntate: ¿Valoro todo lo que soy capaz de hacer?

¿comparto mis capacidades con los demás ¿

Escribe en tu cuaderno como te sientes al respecto, como te sientes con los cambios si ha generado alguno, Escribir ayuda sacar nuestro potencial y a liberarnos de nuestros miedos más profundos.

cuales han sido mis LOGROS hasta el dia de hoy

OBJETIVO

·	El objetivo de esta actividad es reconocer que a lo largo de nuestras vidas hemos tenido logros.

·	Escribir en una libreta cuales han sido esas metas que ya alcanzamos y que habíamos olvidado.

·	Dedícale como mínimo de tres a cinco días a esta actividad.

Materiales que vas a necesitar

·	Tu cuaderno o libreta

·	Papelitos de colores

·	Envase de vidrio mediano

EJERCICIO

Escribe tus logros

Para este ejercicio debes remontarte a tu pasado, reflexionar sobre todas las etapas de tu vida y enfocarte en cada área, a nivel personal, familiar, espiritual, relaciones interpersonales...

Corta papeles y escribe en cada uno de ellos todos tus logros, desde los más pequeños, hasta los mas grandes. Incluso recuerda esos logros que tuviste en tu infancia, esos también hacen parte de ti.

No hagas este ejercicio solo un día, mantén tu envase a la vista y cada que recuerdes un logro nuevo, escríbelo y ponlo en tu envase.

Recuerda que somos la suma de todos nuestros logros.!

Guarda tus logros y reflexiona sobre ellos, pero, antes de meterlos en el envase deberás leer, pensar y recordar:

·   ¿Cómo te sentiste cuando lo conseguiste?

·   ¿Lo he valorado más de una vez?

Mantenlo en un lugar visible, para cuando te sientas triste o pienses que no has logrado nada en tu vida, ese envase colorido te hará saber lo mucho que has caminado y hasta donde has llegado.

AMARME Y ACEPTARME

OBJETIVO

El objetivo de este ejercicio es que te sientas más segura de quién eres y tengas una visión positiva de ti misma.

Vamos a trabajar la autovaloración y el autoconcepto.

Dedícale como mínimo de tres a cinco días a esta actividad.

Materiales que vas a necesitar

- Tu cuaderno o libreta

- Un block de notas pequeño

- Marcadores

EJERCICIO

Resalta tus cualidades, Piensa en todas esas cualidades que tienes, incluso las que tú misma no te reconoces y deberías reconocerte.

Haz una lista de todas las que se te ocurran, puede ser sobre tu físico, sobre tu personalidad, como tratas a los demás, todas cuentan.

Escribe cada cualidad en una notica, mínimo 10, seguro se te ocurrirán muchas más. Pega tus noticas en un lugar visible, en la nevera, el espejo del b**año, donde tus las veas y donde otros también las vean.**

Léelas en voz alta cada que pases frente a ellas, así tu subconsciente te recordara lo valiosa que eres.

Recuerda que estás haciendo estos ejercicios para fortalecer tu autoestima, así que hazlo sin miedo, que el mundo se dé cuenta de que eres maravillosa

Escribe sobre cómo te hace sentir y decir en voz alta tus cualidades, esto reforzara tu autoconfianza.

49

ASERTIVIDAD

OBJETIVO

· La finalidad de este ejercicio es que seas asertiva y que tengas claro como comunicarte eficazmente.

· Este ejercicio te va a llevar más de una semana, Regálate el tiempo para enfocarte y sacar lo mejor de ti.

Materiales que vas a necesitar

· Tu cuaderno o libreta

· Hojas

· Marcadores, lápices, acuarelas, lo que quieras para dibujar.

EJERCICIO

En tu cuaderno escribe diariamente durante mínimo 10 minutos que cosas NO estas dispuesta a ceder o a negociar en tu vida.

Escribe el NO en diferentes tamaños, formas y colores así será más fácil para tu cerebro identificar un NO

Identifica eso derechos que no estas dispuesta a negociar.

Anota en tu libreta todas esas cosas a las que no estas dispuesta a renunciar.

Personal, familiar, relación de pareja, amistades.

Ejemplo: en mi relación de pareja

NO estoy dispuesta a que me hagan sentir inferior...

Escribe todas las que se vayan ocurriendo, esto te ayudara a reconocer esos valores fundamentales que tienes y que tu autoestima se vaya fortaleciendo

Ahora vas a escribir también en tu cuaderno o libreta los SI, a que tienes derecho.

Ejemplo:

Tengo derecho a considerar mis propias necesidades.

Tengo derecho a rechazar peticiones sin sentirme culpable o egoísta.

Tengo derecho a ser escuchad@…

Ahora has otra lista en tu cuaderno y escribe sobre lo que los demás tienen derecho a recibir de ti.

Ejemplo:

Amor, apoyo, compañía …

¿Y ahora QUIÉN SOY ?

OBJETIVO

El objetivo de este ejercicio es valorar el esfuerzo que has hecho hasta este punto. Reconocer y celebrar tus logros, porque ya ves, eres mucho más de lo que pensabas.

Ha llegado el momento de volver a hacer el ejercicio 1. El resultado no se va a parecer en nada. Ahora eres una persona consciente de su valía y su poder.

Materiales que vas a necesitar

· Una hoja o cartulina

· Fotos, recortes, lápices, marcadores, se creativo.

EJERCICIO

Has un collage del nuevo yo, como te ves ahora, como te sientes, que te has reconocido, que has mejorado.

Te aseguro que este taller te ha cambiado la opinión que tenías sobre ti, estamos tan acostumbrados a ver solo lo negativo que cuando recordamos quienes somos podemos ver nuestra magia.

Si te gusto mi taller compártelo.

CONCLUSION

La autoestima es en términos de energía, la fuerza que nos impulsa en la vida, esa fuerza interior que nos permite amarnos, aceptarnos y decidir crear la vida que soñamos.

Conocerte a ti mismo y tener una sana autoestima es indispensable para tu desarrollo personal, conocer tu valor, amarte y respetar tus necesidades es la base esencial de vivir en plenitud, este manual es una guía simple con ejercicios prácticos que ejecutados a diario elevaran tu autoestima y te llevaran a ser esa persona que quieres ser .

EL PODER LO TIENES TU.